1 MI — Neujahr, Gottesmutter Maria
2 DO — CH: Berchtoldstag
3 FR
4 SA
5 SO — 2. So. nach Weihnachten
6 MO — Erscheinung des Herrn, Epiphanias
7 DI
8 MI
9 DO
10 FR
11 SA
12 SO — Taufe des Herrn, 1. So. nach Epiphanias
13 MO
14 DI
15 MI
16 DO
17 FR
18 SA
19 SO — 2. So. im Jahreskreis, 2. So. nach Epiphanias
20 MO
21 DI
22 MI
23 DO
24 FR
25 SA — Pauli Bekehrung
26 SO — 3. So. im Jahreskreis, 3. So. nach Epiphanias
27 MO
28 DI
29 MI
30 DO
31 FR

JANUAR

Mögest du nie
ohne den Segen
des Himmels
aus dem Haus gehen.
Irischer Segenswunsch

2

1 SA

2 SO — Darstellung des Herrn (Lichtmess), Letzter So. nach Epiphanias

3 MO

4 DI

5 MI

6 DO

7 FR

8 SA

9 SO — 5. So. im Jahreskreis, 4. So. vor der Passionszeit

10 MO

11 DI

12 MI

13 DO

14 FR — Valentinstag

15 SA

16 SO — 6. So. im Jahreskreis, Septuagesimae

17 MO

18 DI

19 MI

20 DO

21 FR

22 SA

23 SO — 7. So. im Jahreskreis, Sexagesimae

24 MO

25 DI

26 MI

27 DO

28 FR

FEBRUAR

Den Frieden
im Rauschen der Wellen
wünsche ich dir.
Den tiefen Frieden
vom Sohn des Friedens
wünsche ich dir.
Irischer Segenswunsch

1 SA

2 SO — 8. So. im Jahreskreis, Estomihi

3 MO — Rosenmontag

4 DI — Fastnacht

5 MI — Aschermittwoch

6 DO

7 FR

8 SA

9 SO — 1. Fastensonntag, Invocavit

10 MO

11 DI

12 MI

13 DO

14 FR

15 SA

16 SO — 2. Fastensonntag, Reminiscere

17 MO — St. Patrick's Day

18 DI

19 MI — CH: Josephstag

20 DO — Frühlingsanfang

21 FR

22 SA

23 SO — 3. Fastensonntag, Oculi

24 MO

25 DI — Verkündigung des Herrn

26 MI

27 DO

28 FR

29 SA

30 SO — 4. Fastensonntag, Laetare, Beginn der Sommerzeit

31 MO

MÄRZ

Möge Gott dir
nicht nur am Ostermorgen
die Lebensfreude
eines Lammes auf der
Weide schenken.
Irischer Segenswunsch

1 DI
2 MI
3 DO
4 FR
5 SA
6 SO 5. Fastensonntag, Judica
7 MO
8 DI
9 MI
10 DO
11 FR
12 SA
13 SO Palmsonntag, Palmarum
14 MO
15 DI
16 MI
17 DO Gründonnerstag
18 FR Karfreitag
19 SA
20 SO Ostersonntag
21 MO Ostermontag
22 DI
23 MI
24 DO
25 FR
26 SA
27 SO 2. So. der Osterzeit, Quasimodogeniti
28 MO
29 DI
30 MI

APRIL

Das Licht deines Herzens
weise dir den Weg, damit Gott
gegenwärtig ist
in allem, was du tust.
Irischer Segenswunsch

5

1 DO Maifeiertag, A: Staatsfeiertag

2 FR

3 SA

4 SO 3. So. der Osterzeit, Misericordias Domini

5 MO

6 DI

7 MI

8 DO

9 FR

10 SA

11 SO 4. So. der Osterzeit, Jubilate, Muttertag

12 MO

13 DI

14 MI

15 DO

16 FR

17 SA

18 SO 5. So. der Osterzeit, Cantate

19 MO

20 DI

21 MI

22 DO

23 FR

24 SA

25 SO 6. So. der Osterzeit, Rogate

26 MO

27 DI

28 MI

29 DO Christi Himmelfahrt

30 FR

31 SA

MAI

Möge der Herr
deine Füße stärken,
damit du immer
gut in Tritt kommst!
Irischer Segenswunsch

1 SO 7. So. der Osterzeit, Exaudi
2 MO
3 DI
4 MI
5 DO
6 FR
7 SA
8 SO Pfingstsonntag
9 MO Pfingstmontag
10 DI
11 MI
12 DO
13 FR
14 SA
15 SO Dreifaltigkeitssonntag, Trinitatis
16 MO
17 DI
18 MI
19 DO Fronleichnam
20 FR
21 SA Sommeranfang
22 SO 12. So. im Jahreskreis, 1. So. nach Trinitatis
23 MO
24 DI Johannistag
25 MI
26 DO
27 FR Heiligstes Herz Jesu
28 SA
29 SO Petrus und Paulus, 2. So. nach Trinitatis
30 MO

JUNI

Am Ende eines
steilen Aufstiegs
mögen dich die wärmenden
Strahlen der
Sonne grüßen.
Irischer Segenswunsch

1 DI

2 MI — Mariä Heimsuchung

3 DO

4 FR

5 SA

6 SO — 14. So. im Jahreskreis, 3. So. nach Trinitatis

7 MO

8 DI

9 MI

10 DO

11 FR

12 SA

13 SO — 15. So. im Jahreskreis, 4. So. nach Trinitatis

14 MO

15 DI

16 MI

17 DO

18 FR

19 SA

20 SO — 16. So. im Jahreskreis, 5. So. nach Trinitatis

21 MO

22 DI

23 MI

24 DO

25 FR

26 SA

27 SO — 17. So. im Jahreskreis, 6. So. nach Trinitatis

28 MO

29 DI

30 MI

31 DO

JULI

Jeder Tag ist schön,
an dem deine Arbeit gelingt.
Möge das Glück dir
immer nahe sein.
Irischer Segenswunsch

8

1 FR CH: Bundesfeier
2 SA
3 SO 18. So. im Jahreskreis, 7. So. nach Trinitatis
4 MO
5 DI
6 MI Verklärung des Herrn
7 DO
8 FR
9 SA
10 SO 19. So. im Jahreskreis, 8. So. nach Trinitatis
11 MO
12 DI
13 MI
14 DO
15 FR Mariä Aufnahme in den Himmel
16 SA
17 SO 20. So. im Jahreskreis, 9. So. nach Trinitatis
18 MO
19 DI
20 MI
21 DO
22 FR
23 SA
24 SO 21. So. im Jahreskreis, 10. So. nach Trinitatis
25 MO
26 DI
27 MI
28 DO
29 FR
30 SA
31 SO 22. So. im Jahreskreis, 11. So. nach Trinitatis

AUGUST

Gott ist gut –
aber tanze nicht
in einem kleinen Boot.
Irischer Segenswunsch

1 MO
2 DI
3 MI
4 DO
5 FR
6 SA
7 SO — 23. So. im Jahreskreis, 12. So. nach Trinitatis
8 MO — Mariä Geburt
9 DI
10 MI
11 DO
12 FR
13 SA
14 SO — Kreuzerhöhung, 13. So. nach Trinitatis
15 MO
16 DI
17 MI
18 DO
19 FR
20 SA
21 SO — 25. So. im Jahreskreis, 14. So. nach Trinitatis
22 MO — Herbstanfang
23 DI
24 MI
25 DO
26 FR
27 SA
28 SO — 26. So. im Jahreskreis, 15. So. nach Trinitatis
29 MO — Michaelistag
30 DI

SEPTEMBER

Mögen
gute Worte
mehr wiegen
als das Geld
in deiner Tasche.

Irischer Segenswunsch

10

1	MI	
2	DO	Hll. Schutzengel
3	FR	Tag der Deutschen Einheit
4	SA	
5	SO	27. So. im Jahreskreis, 16. So. nach Trinitatis, Erntedank
6	MO	
7	DI	
8	MI	
9	DO	
10	FR	
11	SA	
12	SO	28. So. im Jahreskreis, 17. So. nach Trinitatis
13	MO	
14	DI	
15	MI	
16	DO	
17	FR	
18	SA	
19	SO	29. So. im Jahreskreis, 18. So. nach Trinitatis
20	MO	
21	DI	
22	MI	
23	DO	
24	FR	
25	SA	
26	SO	30. So. im Jahreskreis, 19. So. nach Trinitatis A: Nationalfeiertag, Ende der Sommerzeit
27	MO	
28	DI	
29	MI	
30	DO	
31	FR	Reformationstag

OKTOBER

Wenn Gott
dich auf einen steinigen
und holprigen Weg schickt,
möge er dir feste
Schuhe geben.
rischer Segenswunsch

NOVEMBER

1	SA	Allerheiligen
2	SO	Allerseelen, 20. So. nach Trinitatis
3	MO	
4	DI	
5	MI	
6	DO	
7	FR	
8	SA	
9	SO	Weihetag der Lateranbasilika, Drittl. So. des Kirchenjahres
10	MO	
11	DI	Martinstag
12	MI	
13	DO	
14	FR	
15	SA	
16	SO	33. So. im Jahreskreis, Vorl. So. des Kirchenjahres, Volkstrauertag
17	MO	
18	DI	
19	MI	Buß- und Bettag
20	DO	
21	FR	
22	SA	
23	SO	Christkönigssonntag, Ewigkeitssonntag
24	MO	
25	DI	
26	MI	
27	DO	
28	FR	
29	SA	
30	SO	1. Adventssonntag

Möge
Gottes helles Licht
dir jede Nacht
leuchten, um dich
sicher nach Hause
zu führen.
Irischer Segenswunsch

1 MO
2 DI
3 MI
4 DO
5 FR
6 SA Nikolaus
7 SO 2. Adventssonntag
8 MO A: Maria Empfängnis
9 DI
10 MI
11 DO
12 FR
13 SA
14 SO 3. Adventssonntag
15 MO
16 DI
17 MI
18 DO
19 FR
20 SA
21 SO 4. Adventssonntag, Winteranfang
22 MO
23 DI
24 MI Heiliger Abend
25 DO Weihnachten
26 FR Zweiter Weihnachtstag, A: Stefanitag
27 SA
28 SO Hl. Familie, 1. So. nach Weihnachten
29 MO
30 DI
31 MI Silvester

DEZEMBER

Ferienkalender 2025

Deutschland	Weihnachten 2024/2025	Winter 2025	Ostern/Frühjahr 2025	Himmelfahrt/ Pfingsten 2025	Sommer 2025	Herbst 2025	Weihnachten 2025/2026
Baden-Württemberg	23.12.–04.01.	–	14.04.–26.04.	10.06.–20.06.	31.07.–13.09.	27.–30.10./31.10.	22.12.–05.01.
Bayern	23.12.–03.01.	03.03.–07.03.	14.04.–25.04.	10.06.–20.06.	1.8./4.8.–15.9.	03.11.–07.11.	22.12.–05.01.
Berlin	23.12.–31.12.	03.02.–08.02.	14.4.–25.4./2.5.	30.05./10.06.	24.07.–06.09.	20.10.–01.11.	22.12.–02.01.
Brandenburg	23.12.–31.12.	03.02.–08.02.	14.04.–25.04.	10.06.	24.07.–06.09.	20.10.–01.11.	22.12.–02.01.
Bremen	23.12.–04.01.	03.02.–04.02.	7.4.–19.4./30.4./2.5.	30.05./10.06.	03.07.–13.08.	13.10.–25.10.	22.12.–05.01.
Hamburg	20.12.–03.01.	31.01.	10.3.–21.3./2.5.	26.05.–30.05.	24.07.–03.09.	20.10.–31.10.	17.12.–02.01.
Hessen	23.12.–10.01.	–	07.04.–21.04.	–	07.07.–15.08.	06.10.–18.10.	22.12.–10.01.
Mecklenburg-Vorpommern	23.12.–06.01.	03.02.–14.02.	14.04.–23.04.	30.5./6.6.–10.6.	28.07.–06.09.	2.10./20.–25.10./3.11.	22.12.–05.01.
Niedersachsen	23.12.–04.01.	03.02.–04.02.	7.4.–19.4./30.4./2.5.	30.05./10.06.	03.07.–13.08.	13.10.–25.10.	22.12.–05.01.
Nordrhein-Westfalen	23.12.–06.01.	–	14.04.–26.04.	10.06.	14.07.–26.08.	13.10.–25.10.	22.12.–06.01.
Rheinland-Pfalz	23.12.–08.01.	–	14.04.–25.04.	–	07.07.–15.08.	13.10.–24.10.	22.12.–07.01.
Saarland	23.12.–03.01.	24.02.–04.03.	14.04.–25.04.	–	07.07.–14.08.	13.10.–24.10.	22.12.–02.01.
Sachsen	23.12.–03.01.	17.02.–01.03.	18.04.–25.04.	30.05.	28.06.–08.08.	06.10.–18.10.	22.12.–02.01.
Sachsen-Anhalt	23.12.–04.01.	27.01.–31.01.	07.04.–19.04.	30.05.	28.06.–08.08.	13.10.–25.10.	22.12.–05.01.
Schleswig-Holstein *	19.12.–07.01.	–	11.04.–25.04.	30.05.	28.07.–06.09.	20.10.–30.10.	19.12.–06.01.
Thüringen	23.12.–03.01.	03.02.–08.02.	07.04.–19.04.	30.05.	28.06.–08.08.	06.10.–18.10.	22.12.–03.01.

* SH – Auf den Inseln Sylt, Föhr, Amrum und Helgoland sowie auf den Halligen gelten für die Sommer- und Herbstferien Sonderregelungen.
Stand 17.07.2023. Aktuelle Daten unter www.kmk.org.

Österreich	Semester-ferien 2025	Ostern 2025	Pfingsten 2025	Sommer 2025	Herbst 2025	Weihnachten 2025/2026
Burgenland	10.02.–16.02.	12.04.– 21.04.	07.06.–09.06.	28.06.–31.08.	27.10.–31.10.	24.12.–06.01.
Kärnten	10.02.–16.02.	12.04.– 21.04.	07.06.–09.06.	05.07.–07.09.	27.10.–31.10.	24.12.–06.01.
Niederösterreich	03.02.–09.02.	12.04.– 21.04.	07.06.–09.06.	28.06.–31.08.	27.10.–31.10.	24.12.–06.01.
Oberösterreich	17.02.–23.02.	12.04.– 21.04.	07.06.–09.06.	05.07.–07.09.	27.10.–31.10.	24.12.–06.01.
Salzburg	10.02.–16.02.	12.04.– 21.04.	07.06.–09.06.	05.07.–07.09.	27.10.–31.10.	24.12.–06.01.
Steiermark	17.02.–23.02.	12.04.– 21.04.	07.06.–09.06.	05.07.–07.09.	27.10.–31.10.	24.12.–06.01.
Tirol	10.02.–16.02.	12.04.– 21.04.	07.06.–09.06.	05.07.–07.09.	27.10.–31.10.	24.12.–06.01.
Vorarlberg	10.02.–16.02.	12.04.– 21.04.	07.06.–09.06.	05.07.–07.09.	27.10.–31.10.	24.12.–06.01.
Wien	01.02.–09.02.	12.04.– 21.04.	07.06.–09.06.	28.06.–31.08.	27.10.–31.10.	24.12.–06.01.

Stand 20.07.2023.

Bozen – Südtirol

Weihnachten 2024/2025	24.12.–06.01.
Winter 2025	01.03.–09.03.
Ostern 2025	17.04.–22.04.
Frühjahr 2025	01.05.–04.05.
Pfingsten 2025	07.06.–09.06.
Sommer 2025	14.06.–07.09.
Herbst 2025	25.10.–02.11.
Weihnachten 2025/2026	24.12.–06.01.

Stand 20.07.2023.